Sonja Brockers

Die Kreativ-Kartei für den Kunstunterricht

44 motivierende Zusatzaufgaben für schnelle Schüler*innen

Klasse 5–8

Impressum

Titel
Die Kreativ-Kartei für den Kunstunterricht – 44 motivierende Zusatz-Aufgaben für schnelle Schüler*innen

Text und Illustrationen
Sonja Brockers

Druck
Salzland Druck GmbH & Co. KG, Staßfurt, DE

Verlag an der Ruhr
Mülheim an der Ruhr
www.verlagruhr.de

Geeignet für die Klassen 5–8

ISBN 978-3-8346-6207-1

Inhalt

Inhalt

„Ich bin fertig, was soll ich machen?"

In jeder Klasse gibt es Schüler*innen[1], die früher oder später diese Frage stellen. Nun haben Sie die perfekte Antwort parat!

In dieser Kartei finden Sie **44** motivierende und sinnvolle Zusatzangebote mit Erfolgsgarantie.

- Auf der Vorderseite jeder Karte ist jeweils das fertige Kunstwerk, also das Endergebnis, abgebildet. Die ebenfalls auf der Vorderseite stehende Materialangabe lässt die Schüler*innen auf den ersten Blick erkennen, ob sie alle benötigten Utensilien zur Hand haben.

- Auf der Rückseite befindet sich eine detaillierte Schritt-für-Schritt-Anleitung, die genau erklärt, was zu tun ist und wann welches Material zum Einsatz kommt. Außerdem finden sich hier Abbildungen von Zwischenergebnissen, sodass die Schüler*innen jederzeit überprüfen können, ob sie auf dem richtigen Weg sind.

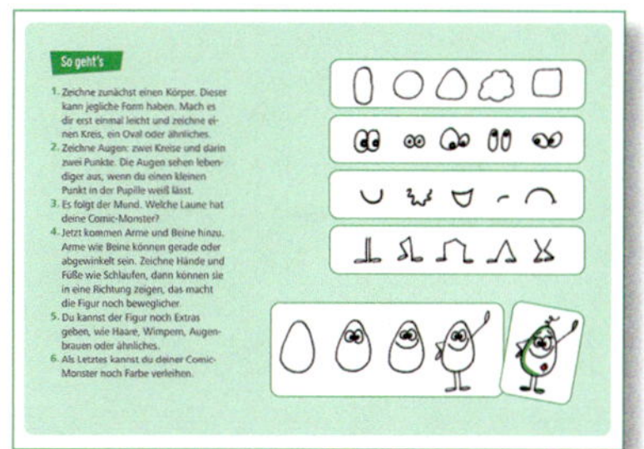

[1] Der Verlag an der Ruhr legt großen Wert auf eine geschlechtergerechte und inklusive Sprache. Daher nutzen wir das Gendersternchen, um sowohl männliche und weibliche als auch nichtbinäre Geschlechtsidentitäten einzuschließen. Alternativ verwenden wir neutrale Formulierungen. In Texten für Schüler*innen finden sich aus didaktischen Gründen neutrale Begriffe bzw. Doppelformen.

„Ich bin fertig, was soll ich machen?"

- Die Schüler*innen können jede Karteikarte unabhängig von den anderen in beliebiger Reihenfolge bearbeiten.

- Die Erstellung der meisten Kunstwerke nimmt etwa 10 Minuten Zeit in Anspruch.

- Oft können die Ideen aber noch ausgebaut, variiert oder etwas anders interpretiert werden. Zu einigen Angeboten finden sich zu diesem Zweck gezielte **Tipps** oder **Varianten** auf den Karten, mit etwas Übung kommen Ihre Schüler*innen bestimmt auch auf eigene überraschende Einfälle!

- Wenn eine Idee besonderen Anklang findet, nehmen Sie das zum Anlass, kreativ in dieser Richtung weiter zu denken und etwas Eigenes daraus zu kreieren.

Ich wünsche Ihnen und Ihren Schüler*innen viel Spaß mit der Kartei!

Sonja Brockers

01. Ein Kunstwerk aus geraden Linien

Benötigte Materialien:

Lineal, Bleistift oder schwarzer, dünner Stift, eventuell bunte Stifte, Papier

So geht's

1. Zeichne mit einem Lineal gerade Linien von einer Seite des Blattes zur gegenüberliegenden. Entscheide selbst, wie viele Linien du nebeneinanderzeichnest.
2. Lege das Lineal neu an und ziehe wieder einige parallel laufende Linien. Diese können auch an anderen Linien enden. Überkreuzen sollten sie sich aber nicht.
3. Mache so weiter, bis es keinen flächigen, leeren Raum mehr auf deinem Blatt gibt.
4. Wenn du magst, kannst du die Räume zwischen den Linien noch mit Farbe versehen.

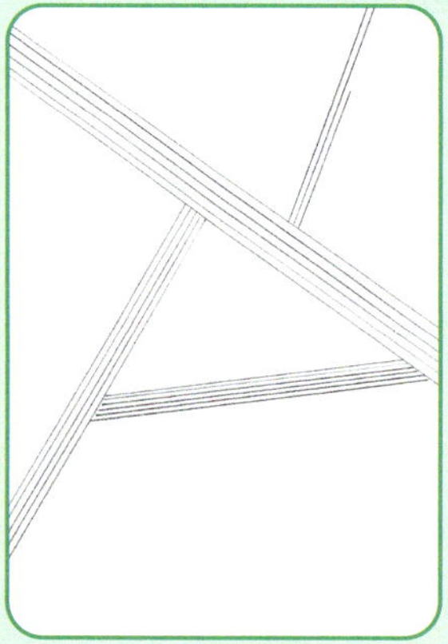

Varianten

Findest du noch weitere Arten, aus geraden Linien Bilder zu gestalten?

Mit etwas mehr Zeit kannst du Quadrate unterschiedlich gestalten und zu einem Mosaik zusammenkleben.

02. Mode-Figuren zeichnen mit Kohle

Benötigte Materialien:

ein Stück Kohle, bunte und weiße Kreide, Fixativ (z. B. Haarspray, bei Nutzung von weißer Kreide besser Pastellkreiden-Fixativ), Papier

So geht's

Folge der Anleitung rechts Schritt für Schritt:

1. Zeichne mit der Kohle einen ovalen Kopf, zwei gerade Linien für den Hals und zwei Linien für die Schultern.
2. Miss den Abstand von der oberen Kopfkante bis zu den Schultern. Diese Länge mal zwei ergibt die Körperlänge. Mache dir eine Markierung und zeichne den Körper.
3. Miss nun den Abstand von der oberen Kopfkante bis zum Schritt. Diese Länge ergibt die Beinlänge. Mache dir eine Markierung und zeichne von der Hüfte bis zur Markierung die Beine ein. Zwei kleine Blasen deuten die Füße an.
4. Zeichne jetzt die Arme von der Schulter bis zum Schritt. Zwei kleine Blasen deuten die Hände an.
5. Verwische die Kohle mit einem Finger, so hebt sich die Figur vom Hintergrund ab.
6. Jetzt kleide die Figur ein. Zeichne mit der Kohle einfach über die Figur und verwische die Flächen mit einem Finger. Du kannst bunte Kreide für Farbakzente nutzen und auch Haare und ein zart angedeutetes Gesicht malen.
7. Fixiere die Zeichnung mit Haarspray oder Fixativ, damit nichts mehr unbeabsichtigt verwischt.

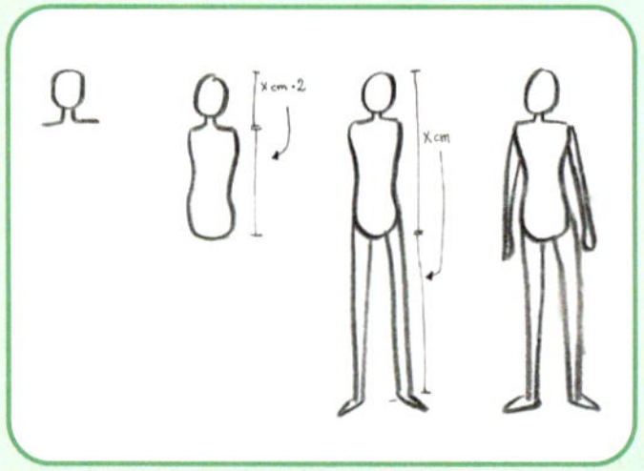

Tipp

Besonders gut eignet sich braunes Papier für Zeichnungen mit weißer Kreide. Kreiere doch mal eine ganze Modekollektion.

03. Ein Kunstwerk aus Kreisen

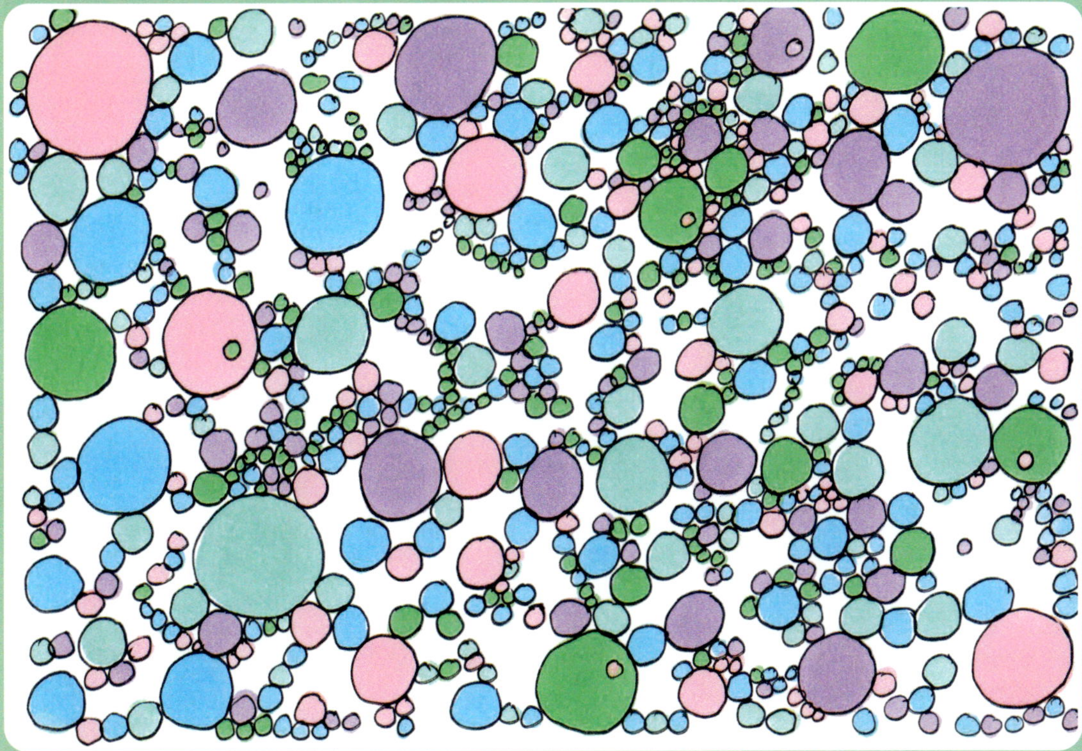

Benötigte Materialien:

schwarzer, dünner Stift, bunte Stifte, Papier

So geht's

1. Zeichne überall auf dem Blatt große Kreise.
2. Ergänze kleinere Kreise.
3. Mit jedem Schritt kommen noch kleinere Kreise hinzu, die sich in die Zwischenräume der größeren einfügen.
4. Male die Kreise mit farbigen Stiften aus.

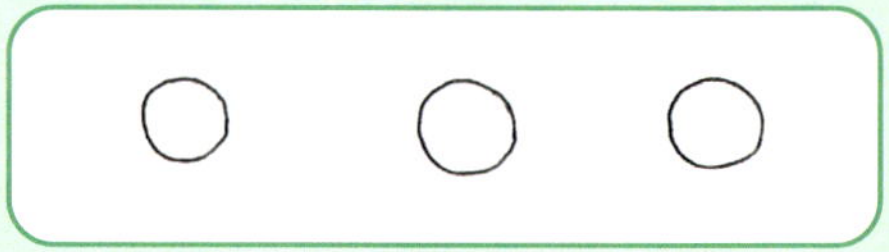

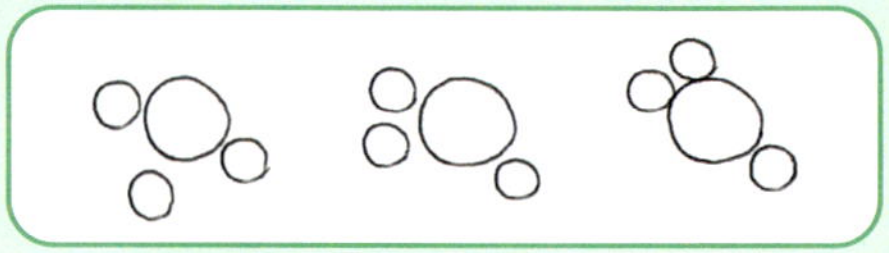

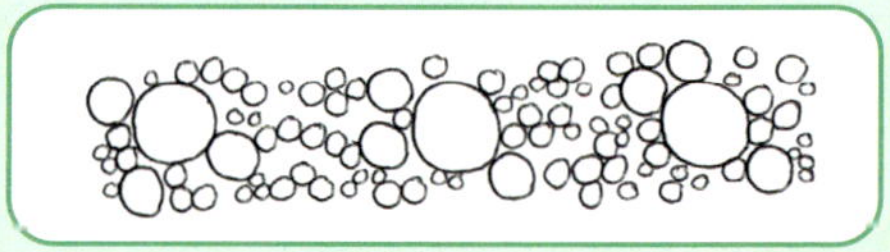

Varianten

Du kannst die Kreise auch in einer Formation anordnen.

Wenn du noch etwas mehr Zeit hast, zeichne mit einem schwarzen Stift Linien in die farbigen Kreise.

04. Mode-Zeichnungen mit wenigen Strichen

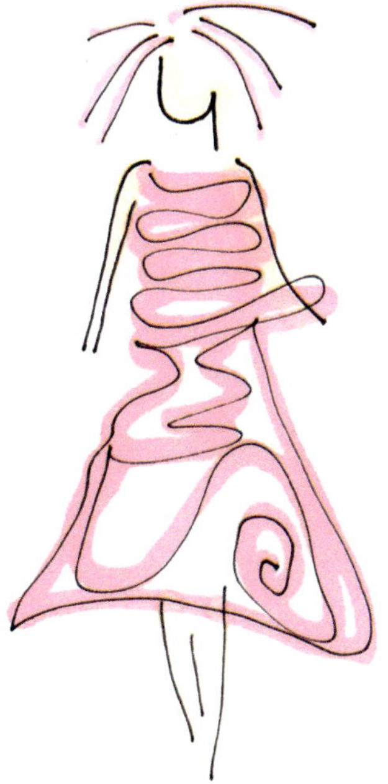

Benötigte Materialien:

schwarzer, dünner Stift, bunte Stifte (z. B. Textmarker), Papier

So geht's

1. Folge einer der Anleitungen rechts. Zeichne erst einen angedeuteten Kopf.
2. Füge angedeutete Schultern und Arme hinzu.
3. Nun kommt das Kleiderdesign. Zeichne dafür die groben Außenlinien eines Kleides durch wenige Linien ein. Auf die Art kannst du auch einen Hut oder Haare andeuten.
4. Nun kannst du den Kleidern mit einem Stift ebenso grob und schlicht Farbe verleihen.

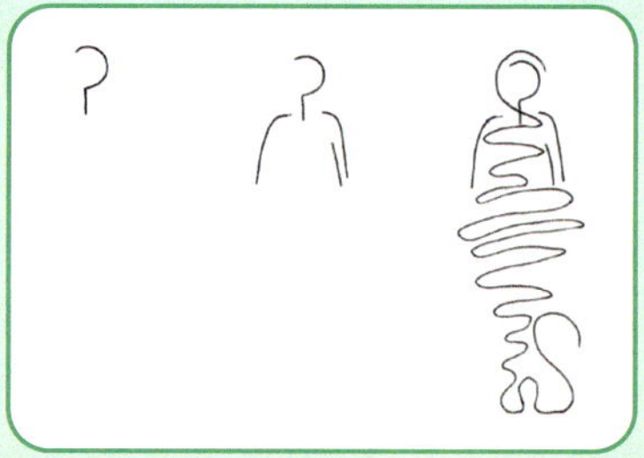

Variante

Male die Zeichnung mit Wasser-, Aquarell- oder verwässerter Acrylfarbe an, sodass die Farben ineinanderlaufen.

05. Ein Kunstwerk aus einem Strich

Benötigte Materialien:

schwarzer Stift, bunte Stifte, Papier

So geht's

1. Die Idee ist einfach. Versuche, ein Bild zu zeichnen, ohne einmal den Stift abzusetzen. Die Umsetzung ist nicht so einfach. Du wirst merken, wie oft du den Stift gerne anheben würdest. Setze ihn einfach wieder auf den Endpunkt und zeichne weiter.
2. Später kannst du dein Werk farblich akzentuieren.

Varianten

Versuche, ein Gesicht mit nur einem Strich zu zeichnen.

Kreiere eine Landschaft aus vielen Lagen und mit nur einem Strich.

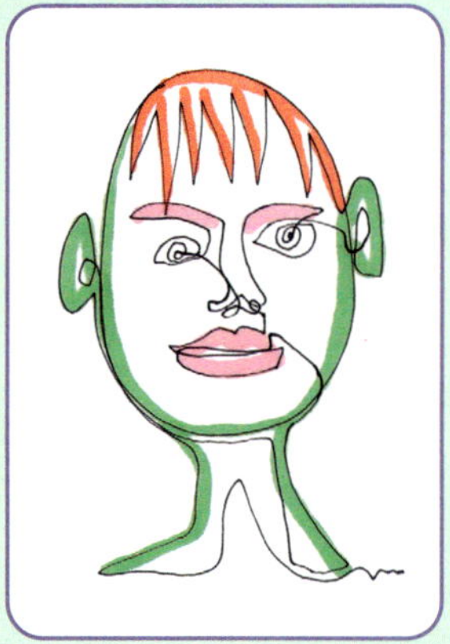

06. Ein Kunstwerk aus gebogenen Linien

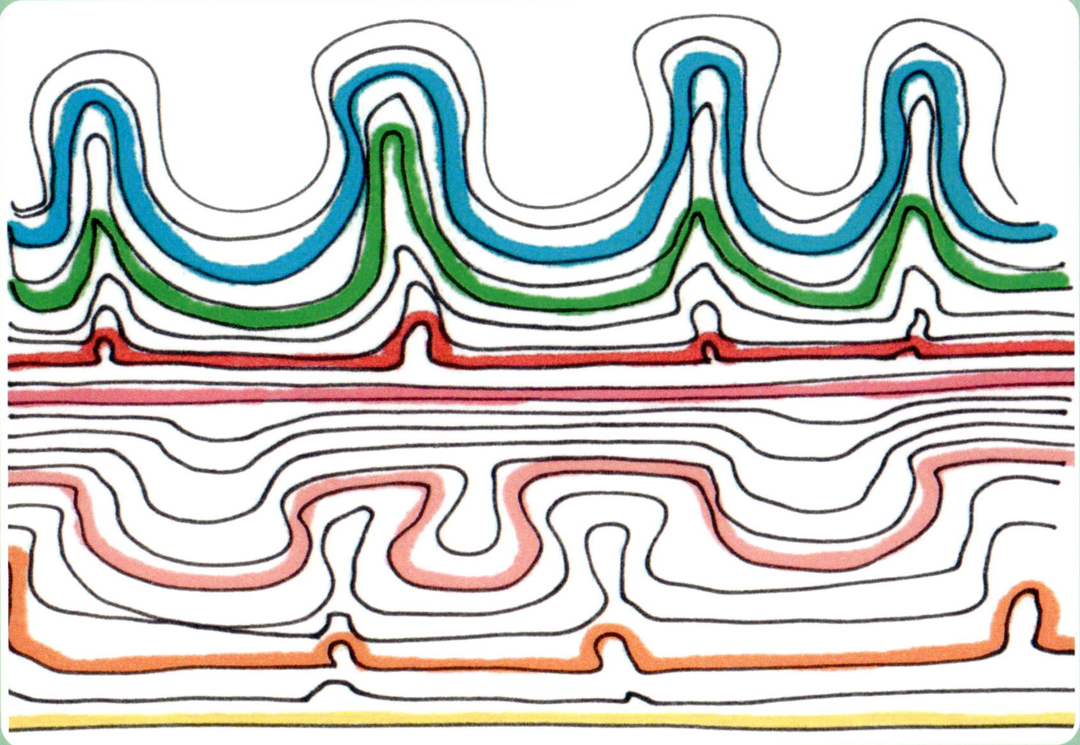

Benötigte Materialien:

schwarzer Stift, bunte Stifte, Papier

So geht's

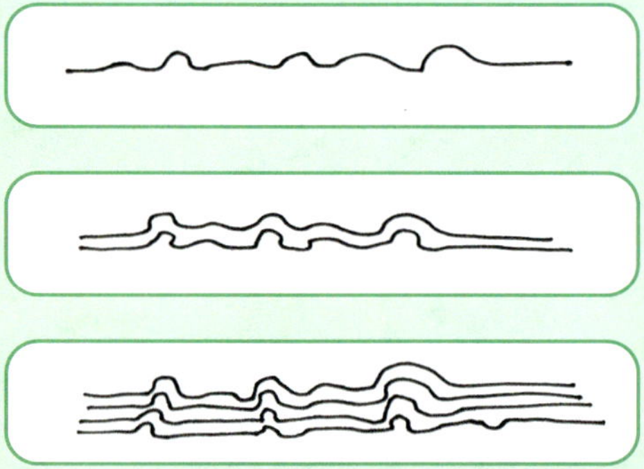

1. Beginne unten auf dem Blatt mit einer leicht gewellten Linie von einer Seite zur anderen.
2. Dann folgen weitere Linien. Jede Linie umfährt die Bögen und Beulen der vorangegangenen etwas größer, sodass die Bögen immer ausladender werden.
3. Später kannst du die Linien oder deren Zwischenräume farbig gestalten.

Variante

Du kannst auch Kreise mit einbauen. Zeichne nach einer Linie einfach ein paar Kreise über die Linie. Die nächste Linie ummantelt dann die Kreise. So ergeben sich neue Muster.

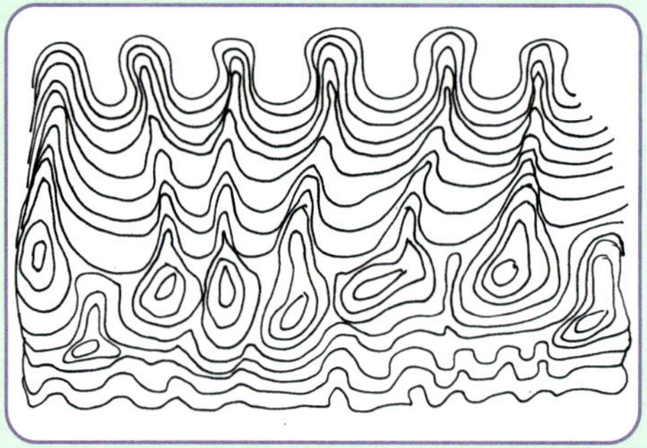

07. Würfel & Co. – einfache Perspektive

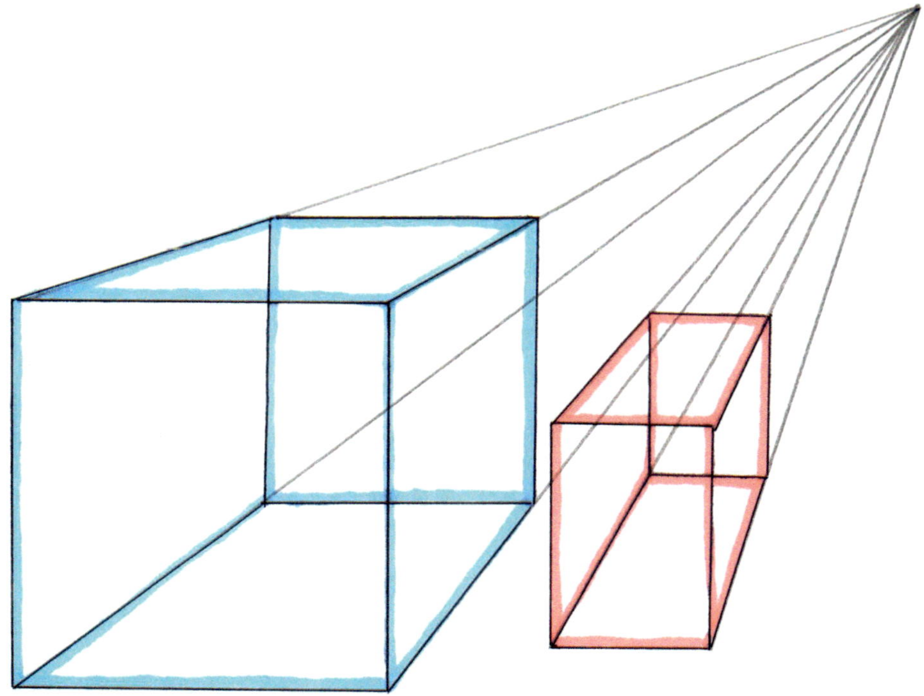

Benötigte Materialien:

Geodreieck, Bleistift, eventuell farbige Stifte, Papier

So geht's

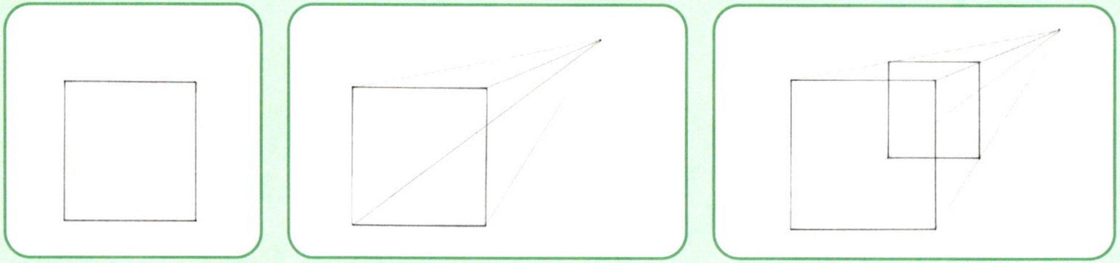

1. Zeichne zunächst ein Viereck. Dieses darf unterschiedlich lange Seiten haben.
2. Markiere einen Punkt außerhalb des Vierecks und verbinde alle Ecken des Vierecks mit dem Punkt. So entstehen vier Hilfslinien.
3. Zeichne nun innerhalb dieser Hilfslinien parallel zu dem ersten Viereck ein neues Viereck ein. Parallel bedeutet, im gleichen Abstand zu den Linien des ersten Vierecks zu zeichnen. Die Kanten des zweiten Vierecks müssen die Hilfslinien berühren. So entsteht eine perspektivisch richtige Figur.

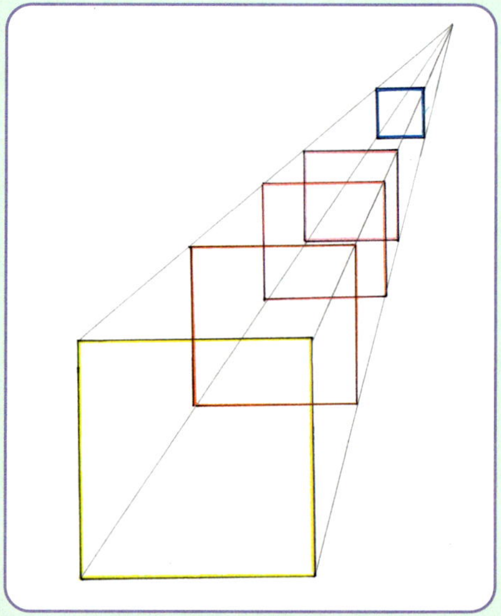

Variante

Versuche, mehrere Vierecke hintereinander in die Hilfslinien zu zeichnen.

08. Kreistiere

Benötigte Materialien:

schwarzer, dünner Stift, bunte Stifte, Papier

So geht's

1. Zeichne einen Kreis für den Körper und in diesen Kreis einen zweiten Kreis für den Kopf.
2. Die Kreistiere unterscheiden sich hauptsächlich durch unterschiedliche Nasen und Ohren. Zeichne die richtige Nase zu deinem Tier, es folgen Augen und Ohren. Die Beine sind nur vier Striche. Zeichne Hufe, Pfoten oder Krallen. Dazu noch einen passenden Schwanz und eventuell Accessoires, wie Hörner oder Haare. Nun kannst du es anmalen und fertig ist das Kreistier.

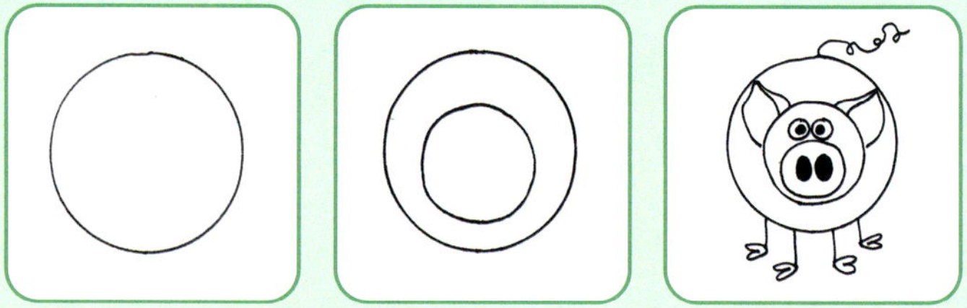

09. Eine Landschaft – einfache Perspektive

Benötigte Materialien:

Lineal, schwarzer, dünner Stift, Buntstifte, Papier

So geht's

Folge den Zeichenanweisungen rechts Schritt für Schritt.

Falls du Schwierigkeiten hast, Bäume zu malen – auch dafür gibt es eine Karteikarte.

Tipps

Zeichne die Bäume nach hinten immer kleiner.

Male die Bäume schwarz-fleckig aus. Das lässt sie lebendiger wirken.

Kritzele zum Schluss mit einem dünnen, schwarzen Stift Struktur in die ganze Landschaft.

10. Tanzende Strichfiguren

Benötigte Materialien:

schwarzer, dünner Stift, eventuell bunte Stifte, Papier

So geht's

1. Schaue zunächst rechts, wie eine proportional richtige Strichfigur gezeichnet wird. Kopf und Oberkörper zusammen ergeben die Länge der Beine. Die Strichfigur kann auch Knie und Ellbogen haben.
2. Zeichne nun Kopf und Oberkörper deiner eigenen Figur. Dann kommen die Beine und Arme dazu, zuletzt die Füße und Hände. Wenn du diese als Blasen zeichnest, können sie in eine Richtung zeigen und der Figur so noch mehr Bewegung geben. Füge noch ein Gesicht hinzu und fertig ist die Strichfigur.

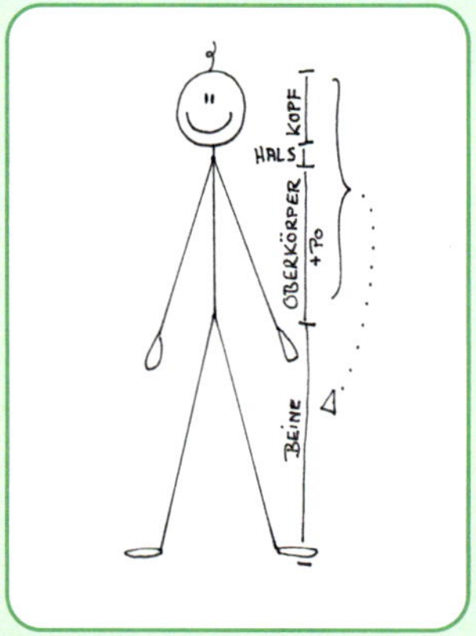

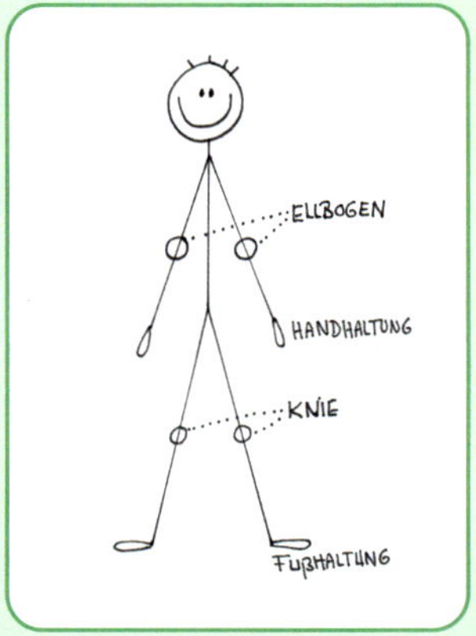

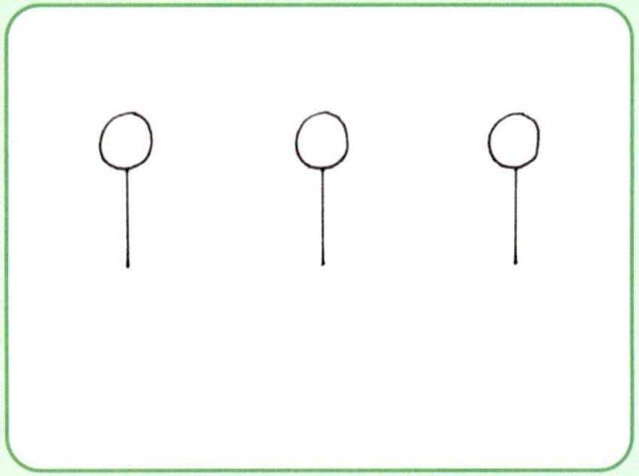

11. Sketchnotes – skizzierte Notizen

Benötigte Materialien:

schwarzer, dünner Stift, bunte Filzstifte, Papier

So geht's

Sketchnotes eignen sich für vieles: gemalte Briefe, Einladungen, Grüße, Notizen und wichtige Aufzeichnungen. So werden Informationen lustiger und greifbarer. Sketchnotes setzen sich aus vier wesentlichen Teilen zusammen:

1. Schilder, Banner, Fahnen, Rahmen für Wörter (Verwende wenig Text – nur einzelne Wörter!)
2. Pfeile
3. Bilder und Symbole
4. witzige Figuren, Sprech- und Denkblasen

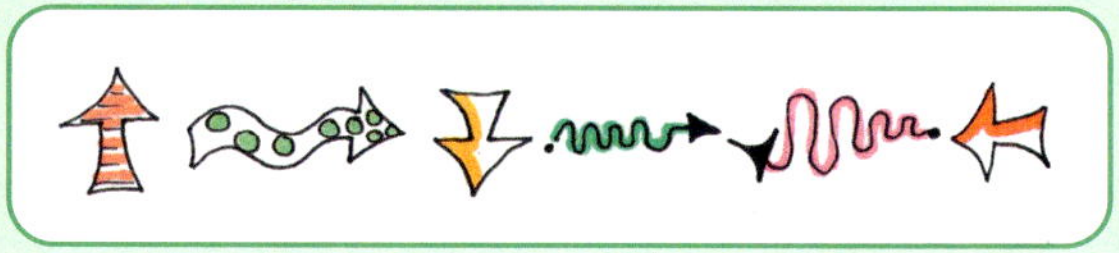

Beginne mit der wichtigsten Information, z. B. dem Mädchen mit dem Partyschild. Füge dann weitere Infos mithilfe von Pfeilen, Bannern, Fahnen hinzu. Schmücke das Bild immer mehr mit Zeichnungen und Symbolen aus – je mehr, desto lustiger.

12. Kritzelvögel

Benötigte Materialien:

schwarzer Kuli, Buntstifte, Papier

So geht's

1. Kritzele mit dem schwarzen Kuli die Konturen des Vogels. Je mehr du kritzelst, desto besser sieht es nachher aus. Sei nicht zu ordentlich!
2. Füge Augen und Schnabel hinzu. Diese werden nicht gekritzelt, sondern klar gezeichnet. Sehr lebendig wirken die Augen, wenn du einen kleinen Punkt in der Pupille weiß lässt.
3. Male alles mit verschiedenen Farben aus. Das wichtigste dabei ist, dass du den Stift richtig fest aufdrückst, sodass die Farbe das ganze Papier überdeckt.

Variante

Fallen dir noch andere Tiere ein, die du kritzeln kannst?

13.

Comic-Monsterchen

Benötigte Materialien:

schwarzer, dünner Stift, bunte Stifte, Papier

So geht's

1. Zeichne zunächst einen Körper. Dieser kann jegliche Form haben. Mache es dir erst einmal leicht und zeichne einen Kreis, ein Oval oder Ähnliches.
2. Zeichne Augen: zwei Kreise und darin zwei Punkte. Die Augen sehen lebendiger aus, wenn du einen kleinen Punkt in der Pupille weiß lässt.
3. Es folgt der Mund. Welche Laune hat dein Comic-Monster?
4. Jetzt kommen Arme und Beine hinzu. Arme wie Beine können gerade oder abgewinkelt sein. Zeichne Hände und Füße wie Blasen, dann können sie in eine Richtung zeigen, das macht die Figur noch beweglicher.
5. Du kannst der Figur noch Extras geben, wie Haare, Wimpern, Augenbrauen oder Ähnliches.
6. Als Letztes kannst du deinem Comic-Monster noch Farbe verleihen.

14. Ein Baum

Benötigte Materialien:

schwarzer, dünner Stift, weicher Bleistift, Papier

So geht's

1. Folge der Anleitung Schritt für Schritt. Benutze dafür den weichen Bleistift.
2. Das Prinzip ist wie folgt: Der Stamm und später jeder Ast teilt sich immer in zwei Richtungen auf. So werden es immer mehr, immer dünnere Äste, bis es nicht mehr dünner geht.
3. Male den Baum mit dem weichen Bleistift an. Eine Räumlichkeit entsteht, wenn du den Stamm außen dunkler malst als innen. So wirkt der Stamm rundlich.
   Mit dem dünnen, schwarzen Stift kannst du dem Baum etwas Struktur geben, indem du in die Rinde und um die dünnsten Äste herum ein wenig kritzelst.

15. Kohle-Schmierbild

Benötigte Materialien:

Kohle, Haarspray, eine Vorlage (z. B. ein ausgedrucktes Foto oder eins aus einer Zeitung, eine Zeichnung oder Ähnliches), Schere, Papier

So geht's

1. Schneide deine Vorlage aus.
2. Male die Vorlage mit Kohle an und lege sie auf das weiße Blatt Papier.
3. Halt nun die Vorlage gut fest, damit sie nicht verrutscht, und schmiere mit einem Finger die Kohle über die Vorlage auf das Blatt Papier.
4. Nimm die Vorlage vorsichtig weg und sprühe das Schmierbild etwas mit Haarspray ein. Das fixiert die Kohle auf dem Papier.

Variante

Benutze dieselbe Vorlage häufiger auf dem einen Blatt.

16.

Explosion

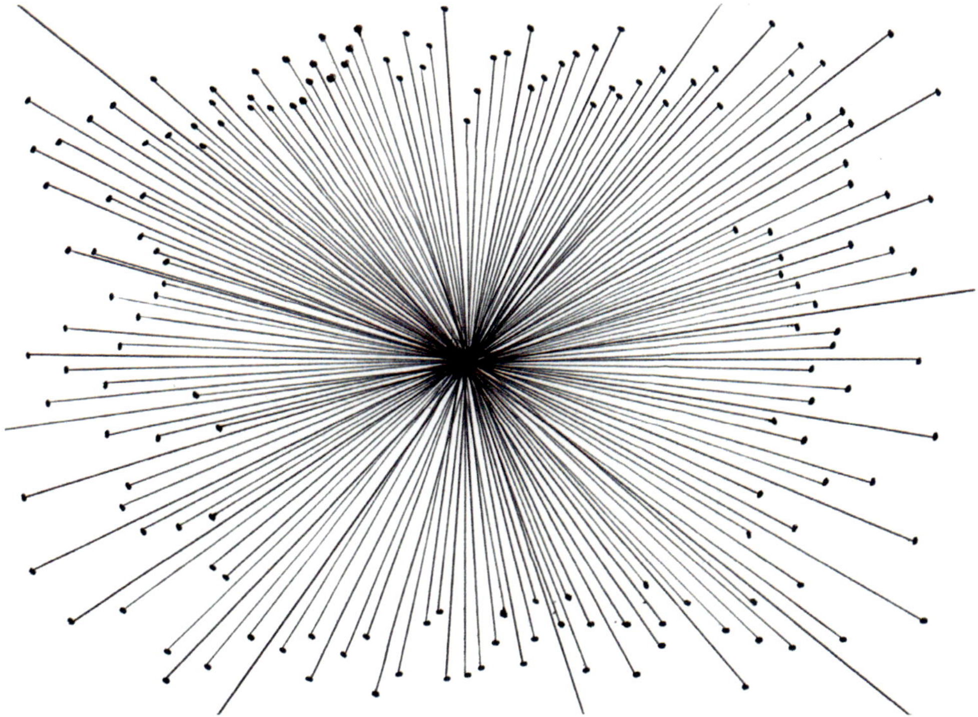

Benötigte Materialien:

Lineal, schwarzer, dünner Stift, Papier

So geht's

1. Markiere dir einen Mittelpunkt und zeichne mithilfe des Lineals von diesem Mittelpunkt aus Strahlen in Richtung des Blattrandes. Die Strahlen enden immer vor dem Blattrand.
2. Starte eine zweite Runde und zeichne noch mehr Strahlen zwischen die bereits vorhandenen. Diese Strahlen sollten etwas kürzer sein als die anderen.
3. Nun kommen immer mehr Strahlen dazu, immer kürzer als die bereits gezeichneten.
4. Zuletzt versieh alle Enden mit einem kleinen Punkt. So sieht es aus, als würden die Punkte vom Mittelpunkt – der Explosion – wegfliegen.

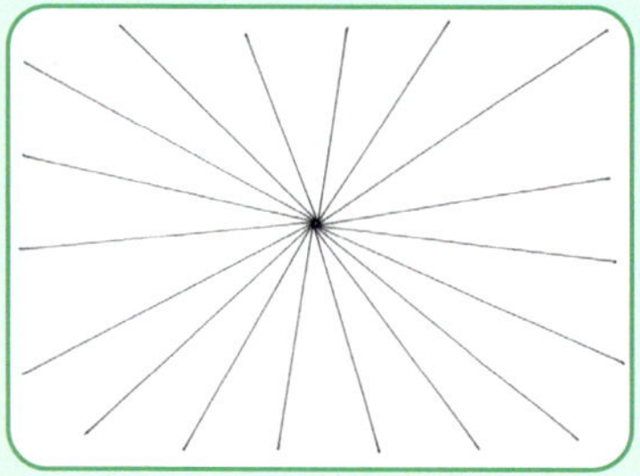

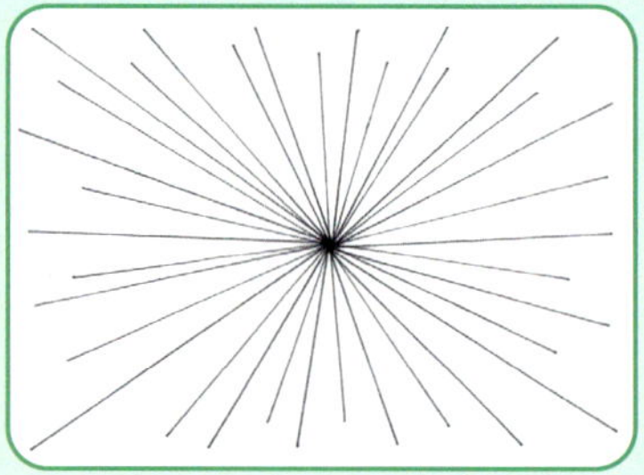

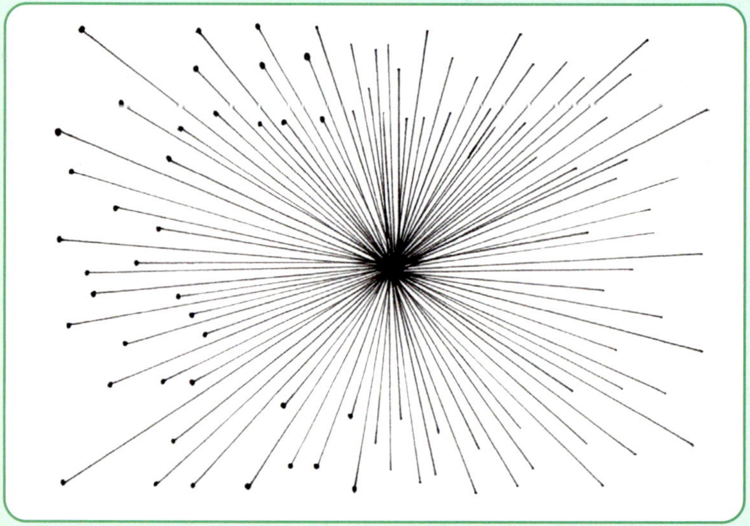

17. Der tätowierte Schmetterling

Benötigte Materialien:

schwarzer, dünner Stift, bunte Stifte, Papier

So geht's

1. Zeichne die Kontur eines Schmetterlings.
2. Zeichne nun Muster und Formen in die Flügel. Achte darauf, dass sie möglichst symmetrisch sind – das heißt, die Muster, die du im linken Flügel malst, spiegeln sich im rechten Flügel wider.
3. Wenn der Schmetterling voller Muster ist, kannst du ihn mit Farbe versehen. Auch hier solltest du darauf achten, dass die Farben links und rechts identisch sind.

Tipp

Der Schmetterling ist ein wunderbares Motiv, um ihn sich mit einem Hennastift auf die Haut zu malen.

18. Eine Landschafts-Spiegelung

Benötigte Materialien:

weicher Bleistift, Papier

So geht's

1. Zeichne zunächst eine Linie von links nach rechts. Drücke den Bleistift nicht zu fest auf, sodass die Linie nachher in der Zeichnung verschwinden kann. Alles oberhalb der Linie wird die Landschaft, alles unterhalb wird die Spiegelung im Wasser.
2. Zeichne oben die Kontur einer Landschaft, z. B. Berge. Zeichne unten die Kontur gespiegelt.
3. Nun male die Landschaft grob aus. Halte dafür den Bleistift schräg, damit mehr Flächen als Linien entstehen. Die obere, „richtige" Landschaft wird dunkler gemalt als die untere, gespiegelte.
4. Nun füge immer mehr hinzu. Male oben Bäume und spiegele sie unten. So kannst du Wolken, Häuser, Sträucher etc. ergänzen.

Variante

Kritzele eine solche Spiegelung mit Füller und Tinte oder Tusche und Feder.

19. Komische Vögel

Benötigte Materialien:

saugfähiges Papier (am besten Aquarellpapier), Aquarellfarbe oder sehr gute Wasserfarbe, weißer Stift, mittelgroßer Haarpinsel, Wasser, Bleistift, schwarzer, dünner Stift

So geht's

1. Zeichne einen einfachen Vogel mit Bleistift vor.
2. Bepinsele den Vogel bis auf das Auge mit Wasser. Das Auge sollte trocken bleiben.
3. Wenn du nun unterschiedliche Aquarellfarben-Töne in den „Wasservogel" tropfst, vermischen sich die Farben.
4. Tropfe um den Vogel herum ein paar Farbflecken und lasse das Ganze dann trocknen.
5. Ziehe anschließend alle Linien des Vogels mit dem dünnen, schwarzen Stift nach. Male eine Pupille mit einem kleinen weißen Fleck darin. Das macht das Auge lebendiger.
6. Zeichne z. B. Kreise, Kringel oder Herzen in den Vogel, umrande einige Farbpunkte außerhalb des Vogels.
7. Auch mit dem weißen Stift kannst du im Vogel ein paar Formen zeichnen. Die Formen mit dem schwarzen und weißen Stift machen den Vogel zu einer lustigen, lockeren Malerei.

Tipp

Du kannst viele Tiere auf diese Weise malen.
Versuch's mal.

20. Ein Kunstwerk aus Punkten

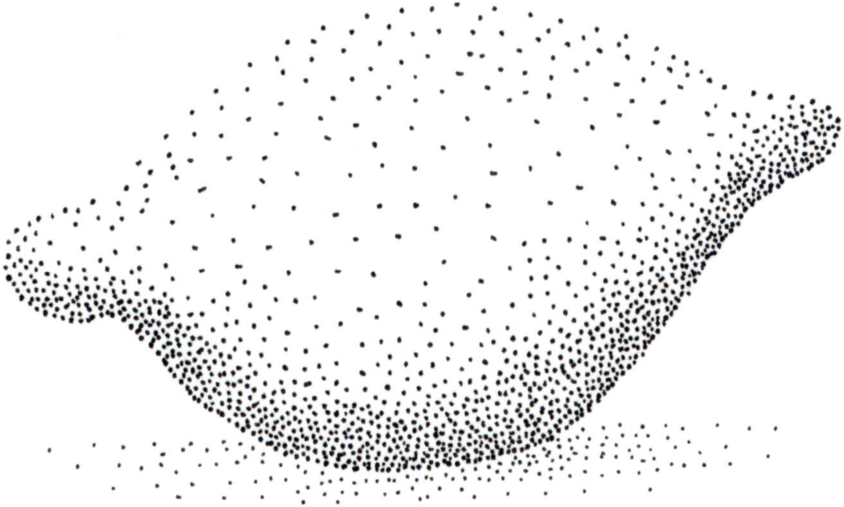

Benötigte Materialien:

schwarzer, dünner Stift, Papier

So geht's

1. Überlege dir eine Form und „zeichne“ die Konturen, indem du mit dem dünnen, schwarzen Stift lauter kleine Punkte tupfst.
2. Fülle die Flächen locker mit weiteren Punkten.
3. Nun verdichte die Punkte an allen Stellen, die nach unten zeigen. So entstehen dunklere Stellen, die wie Schatten aussehen.

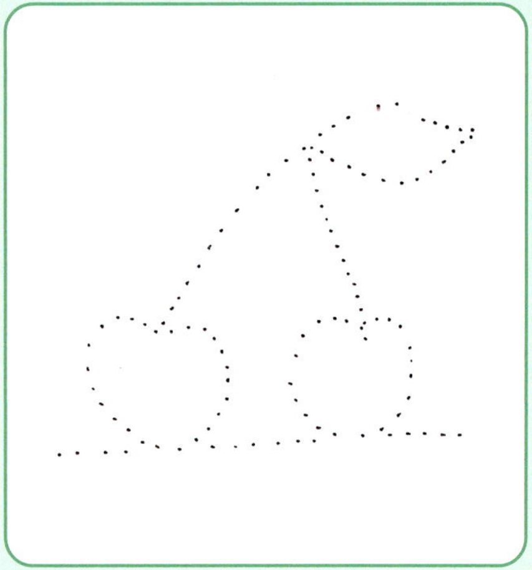

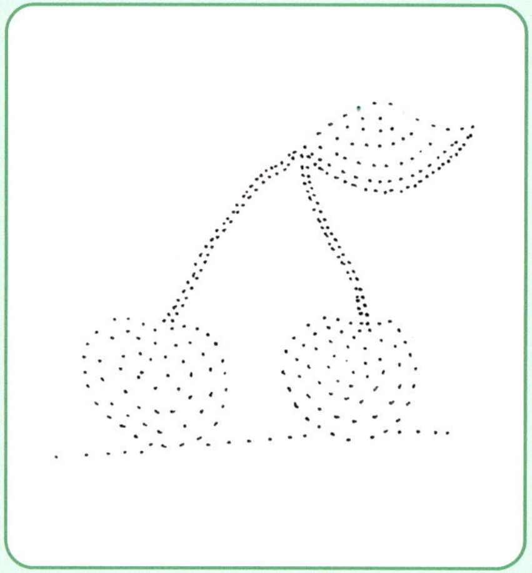

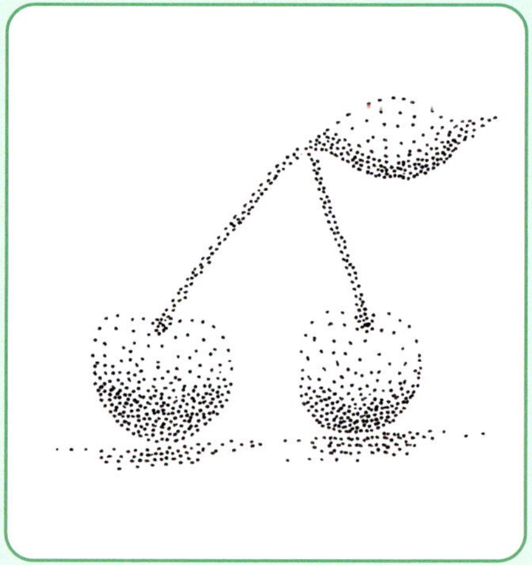

21.

Ein Wald

Benötigte Materialien:

festeres Papier, Acrylfarbe in drei Tönen einer Farbe oder Wasserfarbe, mittlerer Pinsel

So geht's

1. Beginne mit dem hellsten Ton der Farbe und male den Waldboden. Male dann zwei Bäume, deren Äste über den oberen Rand des Bildes hinausragen. Wenn du mit Wasserfarbe malst, benutze erst viel Wasser und dann mit jeder Schicht weniger, sodass die Farben intensiver werden.
2. Nun folgt die zweite, dunklere Farbe. Male wieder zuerst den Waldboden. Er endet unter dem helleren. Male nun wieder Bäume, deren Äste aus dem Bild hinauslaufen. Die dunkleren Bäume dürfen die helleren Bäume auch verdecken.
3. Zuletzt male mit dem dunkelsten Farbton wieder einen Waldboden, der unter dem zweiten endet. Male einen letzten Baum. Er darf dicker sein als die anderen, seine Äste ragen auch aus dem Bild heraus und er kann die anderen Bäume teilweise verdecken.

22. Silhouette deiner Stadt

Benötigte Materialien:

saugfähiges Papier, Aquarell- oder Wasserfarbe, dicker Haarpinsel, je einen dünnen und einen dicken, schwarzen Stift, Wasser

So geht's

1. Bestreiche das Papier mit Wasser. Lasse dabei den Rand frei.
2. Nun male die Aquarell- oder Wasserfarbe auf das nasse Papier. Benutze mehrere Farbtöne, dann laufen die Farben ineinander und verschwimmen. Das ergibt eine schöne Kulisse für deine Stadt.
3. Nun muss das Papier gut trocknen. Du kannst auch einen Föhn zu Hilfe nehmen.
4. Male mit dem dicken, schwarzen Stift den Boden, auf dem die Stadt steht, schwarz. Das ist dein Fundament, auf dem die Stadt wachsen kann.
5. Zeichne die Wahrzeichen deiner Heimatstadt als Silhouetten in das Bild. Große Flächen kannst du mit dem dicken, schwarzen Stift ausmalen.

Tipp

Zeichne eine erfundene Stadt mit seltsamen Türmen, ausgefallenen Brücken und verrückten Bauwerken.

23. Stadt am Hügel – von vorn nach hinten

Benötigte Materialien:

schwarzer Stift, bunte Stifte, Papier

So geht's

1. Folge einfach der Bilder-Anleitung.
2. Die Stadt wird von vorn nach hinten aufgebaut.

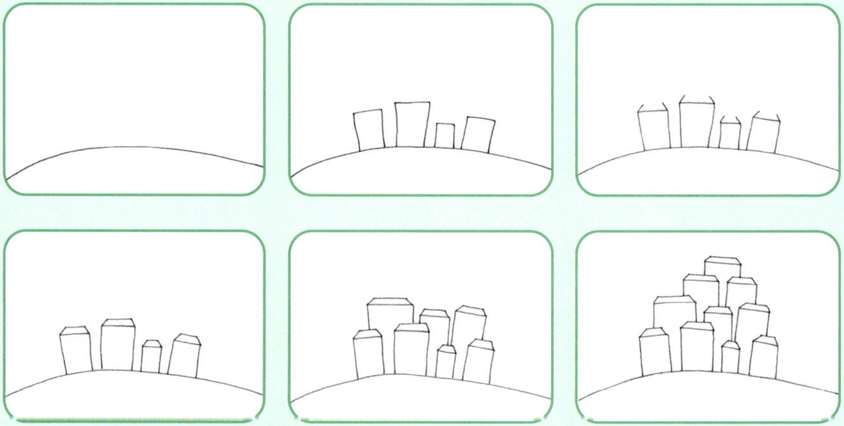

3. Beim Ausmalen wirkt es besonders schön, wenn du das Gelb nur für die Fenster benutzt. So wirken die Häuser bewohnt.

24. Schmetterling – ein Aquarell

Benötigte Materialien:

Lineal, Bleistift oder schwarzer, dünner Stift, eventuell bunte Stifte, Papier

So geht's

1. Zeichne mit dem Bleistift ganz leicht einen Schmetterling auf das Papier.
2. Streiche Wasser in die beiden oberen Flügel-Hälften.
3. Tropfe Farbe in die Wasserflügel. Wenn du mehrere Töne wählst, laufen sie ineinander. Versuche, in beiden Flügeln ähnliche Muster zu erzeugen.
4. Wenn die Farbe nicht bis zum Rand verläuft, kannst du mit dem kleinen Pinsel nachhelfen.
5. Lasse die oberen Flügel etwas trocknen, dann verfahre genauso mit den unteren.
6. Wenn die Flügel getrocknet sind, male noch den Körper an.

25.

Fotokunst – Blumenkind

Benötigte Materialien:

Porträtfoto, Schere, Kleber, schwarzer Stift, bunte Stifte, Papier

So geht's

1. Schneide das Porträtfoto aus. Dabei kannst du die Haare ruhig wegschneiden. Klebe das Foto auf das Blatt Papier.
2. Nun kannst du mit dem schwarzen Stift Blumen, Stängel, Kringel, Herzen und Ähnliches auf und um den Kopf zeichnen. Auch unter dem Kopf ist Platz für ein paar Blumen.
3. Male deine Blumenpracht zum Schluss bunt an.

26. Pflanzenkonturen auf Aquarell

Benötigte Materialien:

saugfähiges Papier (Aquarellpapier), Aquarellfarbe oder pigmentreiche Wasserfarbe, dicker Haarpinsel, schwarzer, dünner Stift, Wasser

So geht's

1. Streiche Wasser auf das Papier. Lasse dabei den Rand des Papiers frei, damit die Farbe später nicht „überläuft“.
2. Nun streiche und tropfe verschiedene Farbtöne auf das nasse Papier, sodass sie ineinanderlaufen können.
3. Jetzt muss die Farbe trocknen. Dafür kannst du auch einen Föhn benutzen.
4. Sobald das Papier trocken ist, kannst du mit dem dünnen Stift Konturen von Gräsern und Blumen aufzeichnen. Je dünner und filigraner, desto besser wird es aussehen.

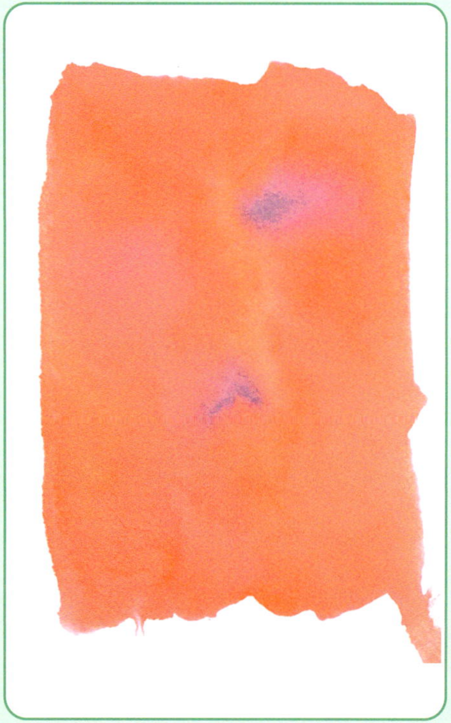

27. Kohlepapier – Kontur und Schatten

Benötigte Materialien:

Kohlepapier, Fotoausdruck in schwarz-weiß, Kreppband, Bleistift, Papier

So geht's

1. Lege das Blatt Papier nach unten, das Kohlepapier darauf und das Foto obenauf. Klebe alle drei Blätter mit etwas Kreppband zusammen, damit sie nicht mehr verrutschen.
2. Nun kannst du die Konturen des Fotos – hier die des Hundes – mit Bleistift auf dem Fotoausdruck nachzeichnen. Sie drücken sich durch das Kohlepapier durch und erscheinen auf dem Blatt Papier. Auf diese Weise hast du sehr schnell die perfekten Konturen auf dem Papier.
3. Nimm zum Ausmalen das Foto zu Hilfe.

28. Musterpflanze

Benötigte Materialien:

schwarzer, dünner Stift, Filzstifte, Papier

So geht's

1. Zeichne zunächst einen Strich als Stängel und an den Stängel viele aufstrebende Blätter wie bei einem Farn oder einer Feder.
2. Male nun die Blätter mit den Filzstiften aus. Besonders schön wirkt es, wenn die Blätter verschiedene Töne einer Farbe haben.
3. Zum Schluss kannst du mit dem dünnen, schwarzen Stift in jedes Blatt ein anderes Muster zeichnen.

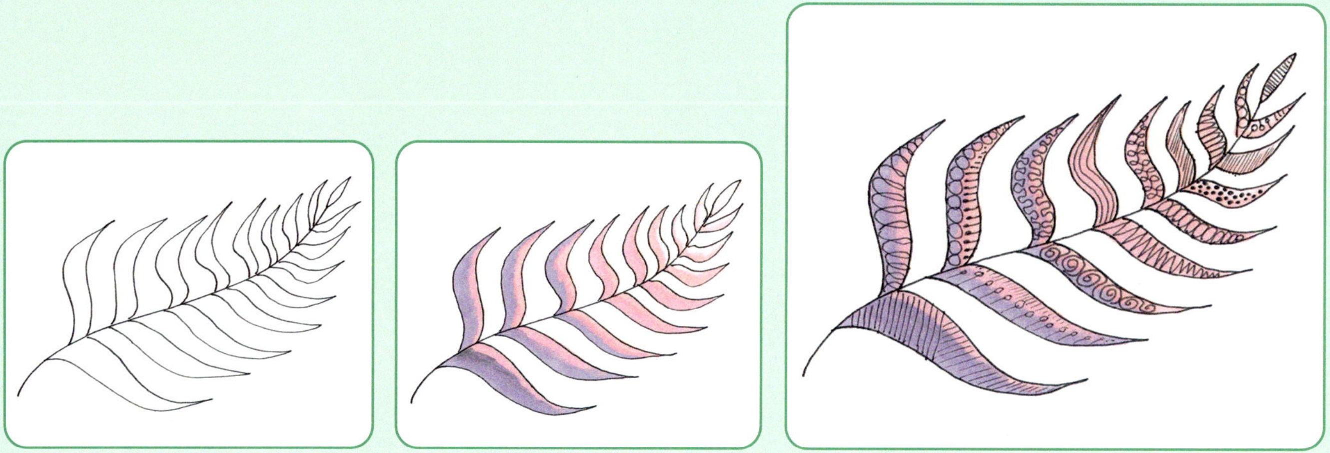

29. Graffiti-Schrift

Benötigte Materialien:

Filzstifte, Bleistift, zwei Blatt Papier

So geht's

1. Schreibe ein Wort deiner Wahl auf ein Blatt Papier.
2. Lege das zweite Papier darüber, sodass man das Wort durchgepaust sehen kann. Nun ziehst du um jeden Buchstaben eine Linie. So „pumpst“ du die Buchstaben auf. Wenn du beim ersten Buchstaben beginnst, wird der zweite Buchstabe leicht hinter dem ersten liegen, der dritte leicht hinter dem zweiten und so weiter. Die Linien, die verschwinden, malst du auch nicht. So entsteht der 3-D-Effekt.
3. Je nachdem, wie du die Buchstaben ausmalst, kannst du unterschiedliche Effekte erzeugen: Du kannst Farben ineinanderlaufen lassen und z. B. oben hell und unten dunkel malen, sodass die Illusion von Schatten entsteht.

Tipp

Du kannst Buchstaben hervorheben, indem du diese zuerst zeichnest und sie somit vor den anderen liegen.

30.

Wimmeltiere

Benötigte Materialien:

schwarzer, dünner Stift, bunte Stifte, Papier

So geht's

1. Die Idee ist recht einfach: Zunächst malst du die erste Reihe des ausgewählten Tieres. Dabei gilt: Je einfacher die Form, desto einfacher das Malen. Zeichne nur die wichtigsten Teile des Tieres und noch keine individuellen Einzelheiten.
2. Nun kommt die zweite Reihe. Zeichne die nächsten Tiere so, dass immer ein Stück des Kopfes verschwindet. Die Linien, die verschwinden, werden einfach nicht gemalt.
3. Dann kommt die dritte Reihe und immer so weiter.
4. Wenn alle Tiere fertig sind, kannst du individuelle Einzelheiten zeichnen. Vielleicht hat ein Tier einen lachenden Mund, das andere hat Wimpern, eines Augenbrauen und so weiter.
5. Zuletzt male die Tiere an. Noch wimmeliger wirkt die Tierhorde, wenn du unterschiedliche Töne einer Farbe benutzt.

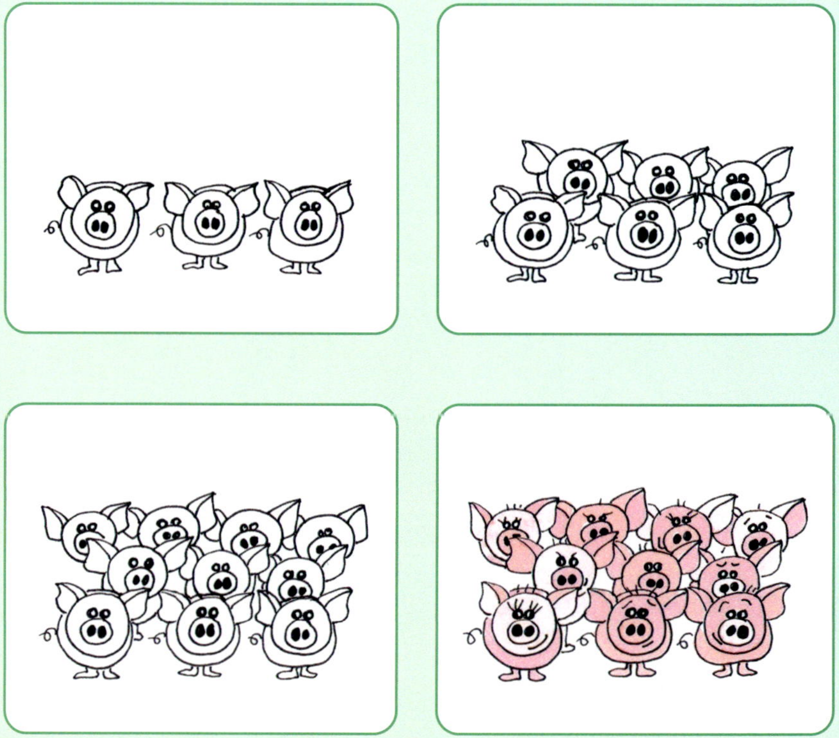

31. Fotokunst – Comic

Benötigte Materialien:

Fotoausdruck, Kleber, Schere, schwarzer, dünner Stift, bunte Stifte, Papier

So geht's

1. Schneide den Kopf des Fotoausdrucks aus und klebe ihn auf das Blatt Papier.
2. Zeichne nun mit dem dünnen, schwarzen Stift einen Körper an den Kopf. Lustig wird es, wenn er proportional nicht stimmt.
3. Male dann den gezeichneten Körper bunt an.

Idee

Auf diese Art lässt sich ein lustiges Gruppenfoto machen, weil alle Beteiligten wie eine Horde Comicfiguren wirken.

32. Vom Kreis zur Kugel

Benötigte Materialien:

Bleistift oder Buntstifte, evtl. eine runde Vorlage (z. B. Deckel, Münzen etc.), Papier

So geht's

1. Zeichne einen Kreis. Um ihn wirklich rund zu bekommen, kannst du etwas Rundes als Schablone nehmen, z. B. eine Münze.
2. Male nun den Kreisrand etwas dicker.
3. Zeichne anschließend immer vom Rand zur Mitte des Kreises. Setze den Stift am Rand fest, zur Mitte hin immer leichter. Dadurch wird die Farbe immer heller. Die Mitte sollte fast weiß bleiben.
4. Drehe das Blatt und wiederhole Schritt 3, bis der Kreis ausgemalt ist. Meist kann man nun noch einige Linien sehen und die Übergänge erscheinen abgehackt.
5. Wiederhole das Ausmalen und male den Rand noch ein wenig dunkler. Nun laufen die Übergänge ineinander und der Kreis erscheint wie eine räumliche Kugel.

Tipp

Du kannst den hellen Bereich auch woanders setzen, dadurch wirkt es, als ob das Licht von oben, unten, rechts oder links kommt.

33. Ein Kunstwerk aus Wörtern

Benötigte Materialien:

Bleistift, Radiergummi, bunte Stifte, Papier

So geht's

1. Zeichne dir eine Form ganz leicht mit Bleistift auf.
2. Nun schreibe eine Botschaft oder ein Wort immer wieder in die Form. Beginne ganz oben. Wenn ein Wort nicht passt, schreibe einfach in der nächsten Zeile weiter.
   Du kannst die bunten Stifte benutzen und auch die Farben wechseln.
3. Um den Hintergrund abzugrenzen, benutze andere Farben und schreibe in eine andere Richtung. Drehe einfach das Blatt zum Schreiben.
4. Zum Schluss radiere die anfangs aufgezeichnete Form wieder weg.

Tipp

Auf die Art kannst du wunderbar individuelle Geburtstags-, Gruß- oder Valentinstags-Karten erstellen.

34. Röhrensystem

Benötigte Materialien:

Bleistift, Papier

So geht's

1. Beginne, eine Röhre zu zeichnen, indem du zwei parallele Linien ziehst. Die Röhre kann sooft du magst die Richtung wechseln. Schwierig wird es immer dann, wenn die Röhre sich selbst kreuzt. Hebe dafür kurz den Stift und zeichne auf der anderen Seite weiter. So entsteht der Eindruck, dass ein Teil der Röhre vor einem anderen liegt.

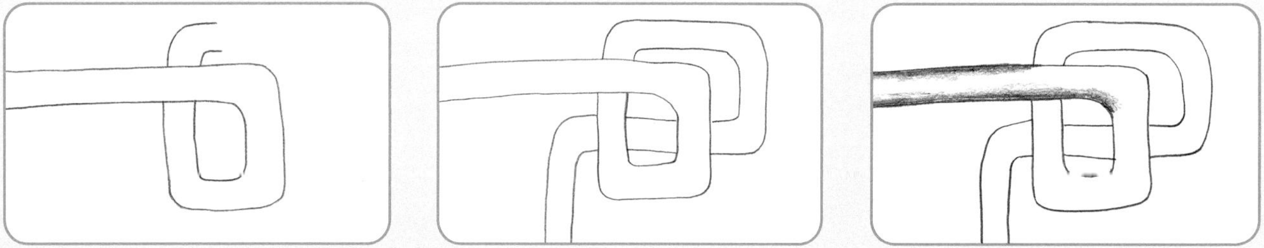

2. Um das Röhrensystem plastischer zu machen, male mit dem Bleistift die innen liegenden Seiten dunkel und werde zur Mitte der Röhre immer heller, sodass die Mitte weiß bleibt. Das geht am einfachsten, indem du den Bleistift schräg hältst.

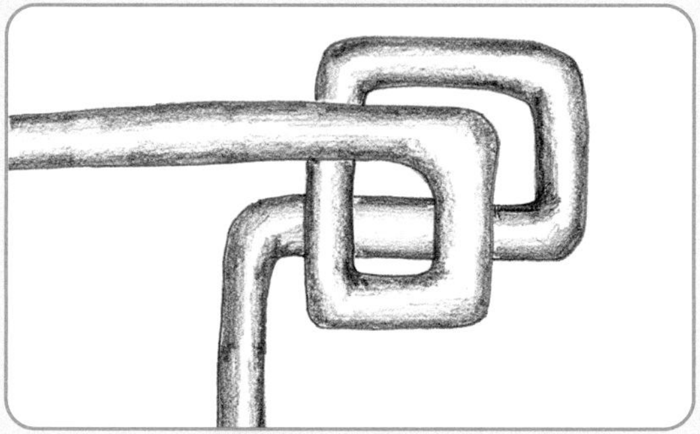

35. Grafische Muster – Welle

Benötigte Materialien:

Bleistift oder andere dünne Stifte zum Ausmalen, Papier

So geht's

1. Zeichne zunächst von einem Punkt aus ein paar Linien nebeneinander. Die Linien dürfen fließen und sich wellen, nur überkreuzen sollten sie sich nicht.

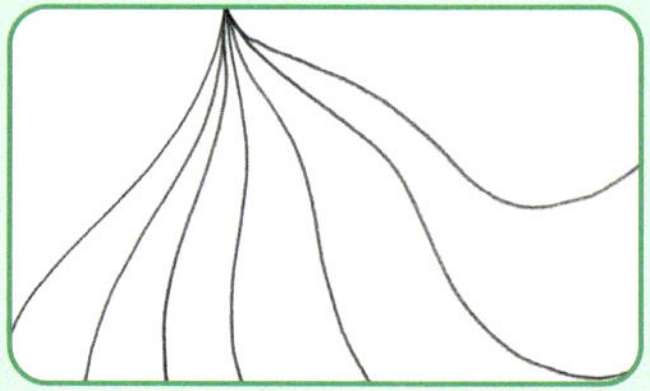

2. Zeichne Querverbindungen in diese Linienlandschaft hinein. Auch diese Linien dürfen sich wellen.

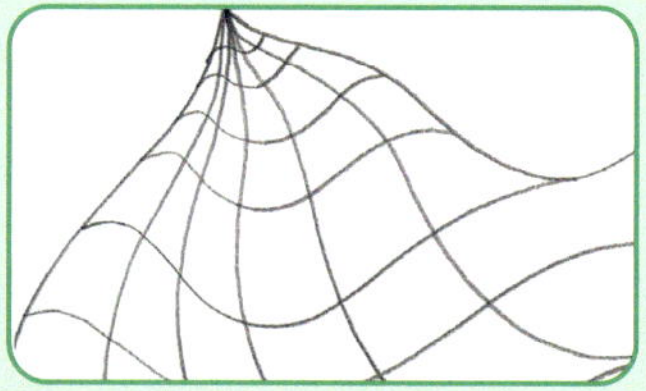

3. So entstehen Kästchen. Diese Kästchen werden nun schachbrettartig angemalt, sodass auf ein leeres Kästchen immer ein ausgemaltes folgt. Auf diese Weise entsteht der Eindruck einer lebendigen Welle oder einer sich windenden Form.

Variante

Es gibt viele Varianten dieser Art einer grafisch lebendigen Form.

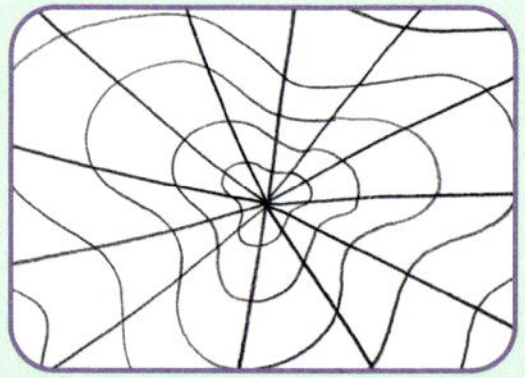

36. Comicfigur mit Sprechblase

Benötigte Materialien:

schwarzer, dünner Stift, bunte Stifte, Papier

So geht's

1. Zeichne zunächst einen sehr vereinfachten Körper: ein U für den Kopf und eine Blase für den Körper.
2. Nun schließe den Kopf mit einer Frisur. Ein paar lange Linien reichen schon völlig aus, um Haare darzustellen.
3. Wähle eine Augenform aus und entscheide, in welche Richtung deine Figur schauen soll.
4. Augenbrauen können helfen, einen Emotionszustand auszudrücken.
5. Zeichne einen kleinen Halbkreis als Nase und wähle eine Form für den Mund. Ist die Figur gut gelaunt, lachend, schlecht drauf?
6. Je nachdem, was deine Figur denkt oder sagt, bekommt sie nun noch eine passende Sprech- oder Denkblase, in welche du hineinschreiben kannst, was du ausdrücken möchtest.
7. Zum Schluss kannst du dem Ganzen noch Farbe geben.

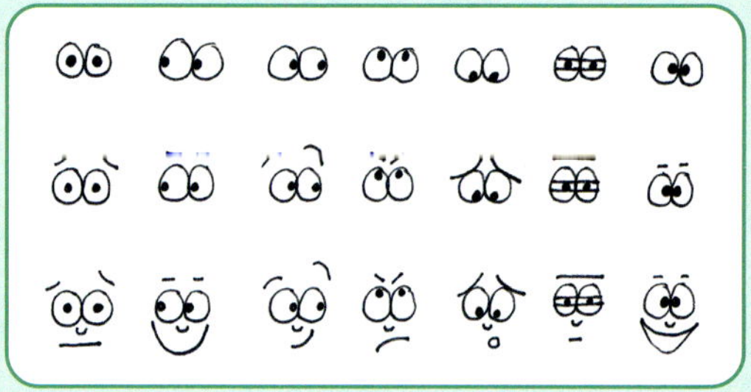

37. Kohlepapier – Kontur und Farbe

Benötigte Materialien:

saugstarkes Papier, Kohlepapier, Fotoausdruck, Aquarell- oder Wasserfarbe, Haarpinsel, Klebeband, Wasser, Bleistift

So geht's

1. Lege das Kohlepapier auf das Papier. Achte darauf, dass die richtige Seite unten ist. Lege darauf den Fotoausdruck und klebe alle drei Komponenten mit dem Klebeband zusammen, sodass sie nicht verrutschen können.
2. Ziehe alle wichtigen Linien auf dem Fotoausdruck mit dem Bleistift nach. Diese drucken sich auf das Papier darunter durch. Nun hast du die Konturen des – in diesem Fall – Vogels.

3. Male den ganzen Vogel bis auf das Auge und den Schnabel mit Wasser an. Tropfe Wasser- oder Aquarellfarbe in den noch nassen Vogel. Die Farbe verteilt sich auf der nassen Fläche und verschwimmt. Lasse die Fläche etwas antrocknen, bevor du Auge und Schnabel anmalst, damit diese nicht verschwimmen. Besonders lebendig wirkt das Auge, wenn du einen kleinen, weißen Fleck als Lichtreflex hineintupfst.
4. Den Unter- und Hintergrund kannst du weiß lassen oder auch leicht anmalen.

Variante

38. Freihandzeichnen mit Kohle – Flasche

Benötigte Materialien:

Kohle, Kreide, evtl. eine Flasche, Papier

So geht's

1. Falls du eine Flasche zur Hand hast, stelle sie dir bereit, dann kannst du die Formen direkt abschauen. Zeichne die Flasche ansonsten aus dem Kopf oder orientiere dich an der Vorlage rechts.
   Die Flaschenöffnung besteht aus zwei gebogenen Linien, die außen aufeinandertreffen wie bei einem Auge. Der Flaschenhals besteht aus zwei geraden Linien, dann folgen gebogene Linien, damit die Flasche breiter wird, gerade Linien bis zum Boden und dort wieder zwei gebogene Linien für den Flaschenboden.
2. Zeichne die Linien mit der Kohle nochmals extra dick nach.
3. Verwische nun die Kohle in Richtung Flascheninneres, so wird die Flasche optisch dreidimensional.
4. Nun kannst du noch etwas Farbe mit Kreide hinzufügen.
5. Du kannst die Flasche auf einen Boden „stellen“, indem du eine Linie von links nach rechts andeutest, die sich ganz leicht in der Flasche wiederfindet. Verschmiere einfach etwas Kohle vor der Flasche und fertig ist das Stillleben.

39. 60 000 Gedanken

Benötigte Materialien:

schwarzer, dünner Stift, eventuell farbige Stifte, Papier

So geht's

Ein Quantenphysiker hat herausgefunden, dass ein Mensch rund 60 000 Gedanken pro Tag denkt.
Versuche doch mal, die Gedanken der nächsten 5 Minuten einzufangen, indem du sie unreflektiert zeichnest.
Lege keinen Wert darauf, dass die Zeichnung perfekt oder erkennbar ist – versuche eher, so schnell zu zeichnen, dass kein Gedanke verloren geht.

Hier hast du ein Beispiel:
Ich habe Hunger! Kirschen wären lecker! Was bekomme ich wohl zum Geburtstag geschenkt? Ich muss noch Klavier üben. Ich habe Lust auf Kakao. Ein Lied. Wo wohl der Weihnachtsbaum jetzt ist? Hund? Wo bist du? Oh, was für schönes Wetter. Ich will ans Meer. Unter Palmen liegen. Ich habe Blumen im Garten. Lesen wäre auch gut …

Später kannst du all deine Gedanken noch bunt malen.

40. Grafische Zeichnung – Kreise

Benötigte Materialien:

schwarzer, dünner Stift, Bleistift, farbige Stifte, runde Vorlagen (z. B. Deckel, Münzen etc.), Papier

So geht's

1. Zeichne mit dem Bleistift so viele Kreise auf das Blatt, wie du magst. Am einfachsten geht das, wenn du dir runde Dinge suchst, die du als Schablone benutzt. Die Kreise sollen sich möglichst oft überlappen, sodass immer neue Felder entstehen.
2. Zeichne nun mit dem dünnen, schwarzen Stift in jedes entstandene Feld Muster, bis alle Felder gefüllt sind.

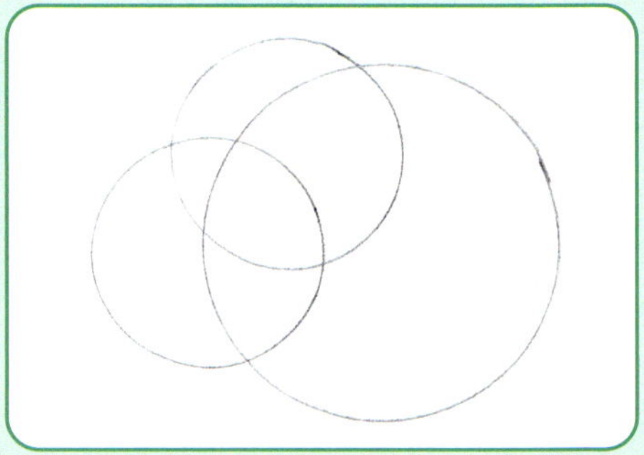

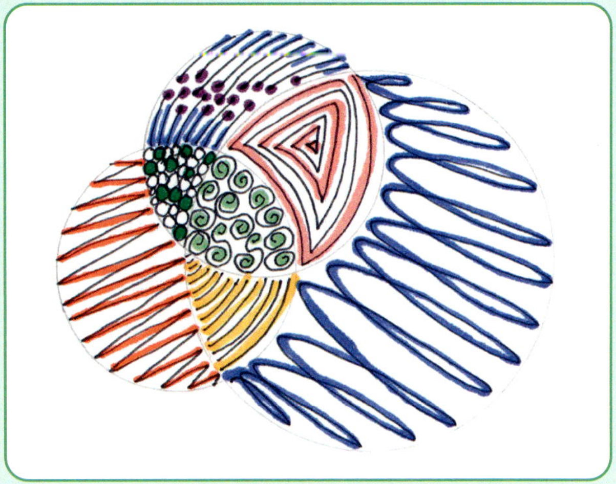

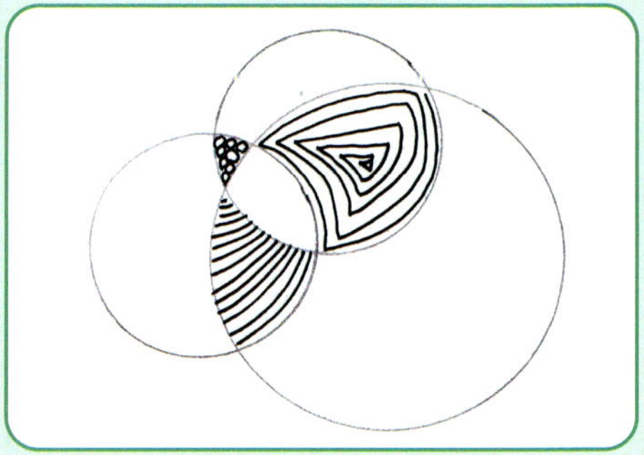

3. Zum Schluss kannst du die entstandenen Muster noch mit Farbe versehen.

41. Das strahlende Herz

Benötigte Materialien:

schwarzer, dünner Stift, Lineal, eventuell bunte Stifte, Papier

So geht's

1. Zeichne eine Herzform aus vielen kleinen Punkten. Setze die Punkte nicht zu eng, du kannst später immer noch welche hinzufügen.
2. Nun ziehe von jedem Punkt aus eine gerade Linie zur Außenkante des Blattes. Verwende dafür den schwarzen, dünnen Stift und das Lineal.
3. Wenn du jeden Punkt mit der Außenkante des Blattes verbunden hast, kannst du entscheiden, ob du noch Punkte hinzufügst und die Linien verdichtest.
4. Zum Schluss kannst du einige oder alle Linien noch mit Farbe versehen.

Variante

Versuche es mit anderen Formen. Je komplizierter die Form, desto schwieriger ist es, die Linien gleichmäßig zu ziehen.

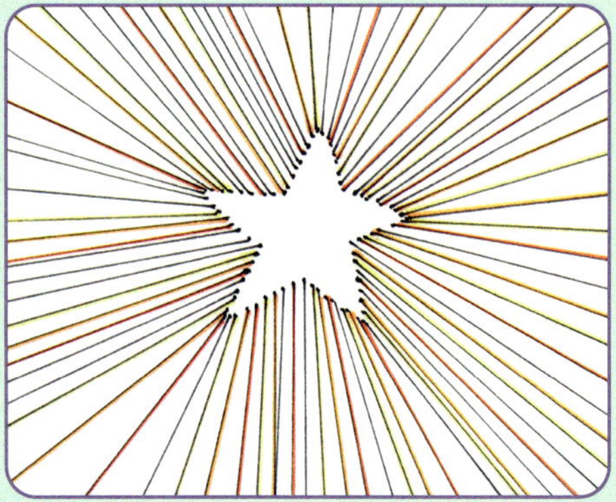

42.

Henna-Hand

Benötigte Materialien:

schwarzer, dünner Stift, farbige Stifte (orange und braun), Papier

So geht's

1. Zeichne mit einem schwarzen, dünnen Stift deinen Handumriss nach.
2. Nun wirst du zur Designerin oder zum Designer einer Henna-Hand: Entwirf Muster und Formen, die deine Hand besonders wirken lassen. Benutze Braun- und Orangetöne, wie es dem echten Henna entspricht.

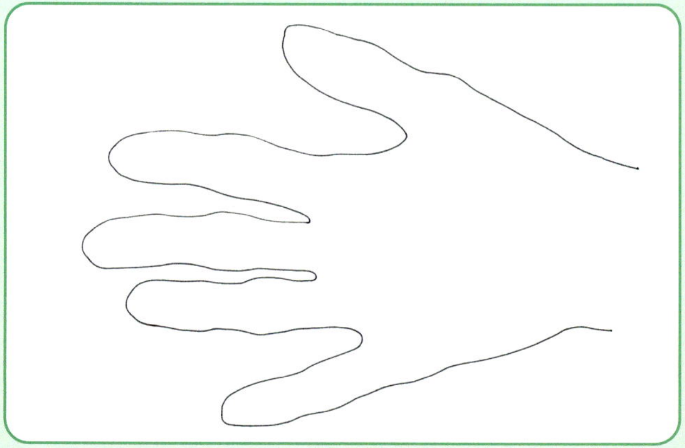

Tipp

Wenn du ein gutes Design hast, versuche, es mit einem Hennastift auf deine echte Hand zu übertragen.

<u>Zur Info</u>:
Henna-Kunst kennt man in vielen Teilen der Welt. Sie wird zu traditionellen Festen oder einfach so als Schmuck getragen. Die gezeichneten Symbole haben oft eigene Bedeutungen und sollen meist Glück und Gesundheit verheißen. Inzwischen ist Henna auch ein wunderbares Mittel, sich ein kosmetisches Tattoo zu malen, welches nach einer Zeit wieder verschwindet.

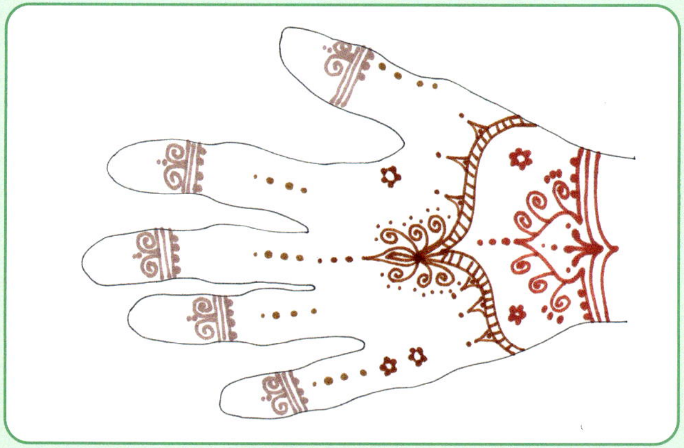

43. Zeichnen mit zwei Händen gleichzeitig

Benötigte Materialien:

Stifte, etwas Klebeband, Papier

So geht's

Am besten fixierst du das Blatt an zwei Seiten mit Klebeband, da es sonst sehr schnell wegrutscht. Nun scheint die Aufgabe leicht: Zeichne gleichzeitig mit der linken und mit der rechten Hand dasselbe Bild.
Es gibt zwei Möglichkeiten: Entweder du malst in dieselbe Richtung, also 2-mal exakt dasselbe Bild, oder du zeichnest spiegelverkehrt.
Was leicht erscheint, ist eine echte Herausforderung.

Und wenn dir das zu einfach ist:

44. Ich zeichne was, was du nicht siehst ...

Benötigte Materialien:

Stift, Papier, eine mitspielende Person

So geht's

Das Spiel kennst du sicherlich in der Variante „Ich sehe was, was du nicht siehst". Bei „Ich zeichne was, was du nicht siehst" skizzierst du etwas, was du dir vorher heimlich in deinem Umfeld ausgesucht hast. Die ratende Person muss nun schauen, was du gezeichnet hast, und erraten, was und wo es sich im Raum befindet.

voll süß

Beschäftigen Sie Ihre schnellen Schüler*innen sinnvoll mit diesen 44 kreativen Aufgaben mit Erfolgsgarantie!

Von Schwarz-Weiß-Skizzen bis zu fixen Aquarell-Ideen, von Kohle- und Kreide-Angeboten bis zu originellen Buntstift- und Kuli-Kritzeleien findet sich für alle die passende Lieblingsaufgabe.

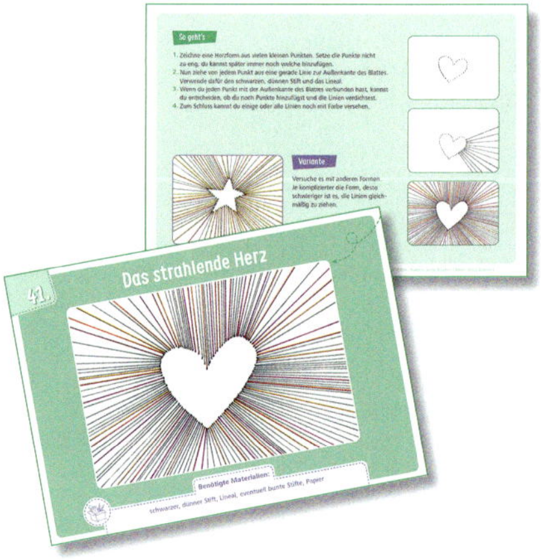

Dabei beinhaltet jede Karte

- Materialaufwand und Endergebnis auf der Vorderseite,
- eine detaillierte Schritt-für-Schritt-Anleitung auf der Rückseite
- sowie Abbildungen von Zwischenergebnissen.

Zusätzliche Tipps, Varianten und weiterführende Hinweise sorgen für immer neue Bearbeitungsmöglichkeiten und garantieren kurzweiligen Spaß in jedem Kunstraum!

9 783834 662071

www.verlagruhr.de

Verlag an der Ruhr

Klasse 5–8